JN410908

책 한 권

책 한 권

초판 1쇄 | 2015년 11월 20일
저　　자 | 홍만희
펴 낸 이 | 차영미
편　　집 | 디자인그룹 여우비

펴 낸 곳 | 서정문학
등록번호 | 제324-2014-000060
등록일자 | 2008. 3. 10
주　　소 | 서울시 강동구 풍성로 136, 삼성아파트상가동 115호
전　　화 | 02-720-3266
팩　　스 | 0505-115-3266

홈페이지 | http://cafe.daum.net/seojungmunhak.com
이 메 일 | sjmh11@hanmail.net

ISBN 978-89-94807-43-0 03810
정가 8,000원

*이 도서의 국립중앙도서관 출판예정도서목록(CIP)은 서지정보유통지원시스템 홈페이지(http://seoji.nl.go.kr)와 국가자료공동목록시스템(http://www.nl.go.kr/kolisnet)에서 이용하실 수 있습니다.(CIP제어번호: CIP2015030081)

서정대표시선 · 31

책 한 권

홍만희 시집

봄·날·의 ·풍·경·화 ·같·은 ·인·물·이·야·기·詩

도서출판 서정문학

詩作

책 한 권

책 한권을 얻었습니다.
귀한 책을 얻었습니다.
당신의 삶에서 숭고한 생각을 받아 적은 글,
이 글을 시로 엮어 하나의 책으로 펴냈습니다.
그러니 책을 얻었다는 표현이 맞습니다.
글을 쓰는 동안
이 마음을 알아주는 당신이 있으니
그 또한 기쁘기 한량없습니다.
게다가 함께 같이 가자고 이끌어주고
보듬어 주는
그 마음이 정말 고맙고 기쁘기도 합니다.

벌개미취와 나비

서시

이른 봄꽃을 불러드려
봄을 먼저 보고 싶었습니다
그 모습답게 꽃 이름을 짓고
이름을 부르며
활짝 핀 꽃으로 온통 마음을
물들이면 어떨까
이내
풋풋한 나의 마음이
사라졌습니다
눈만 가지고
바라보기로 했습니다
마침내
본래 제자리에서
꽃망울이 터지더니
꽃을 피우고 있습니다
내 욕심이 줄어드니
이상하게도 봄은
더 빨리 다가오고 있습니다

목차

봄꽃

행복

누군가가

자화상

사랑

느티나무에게

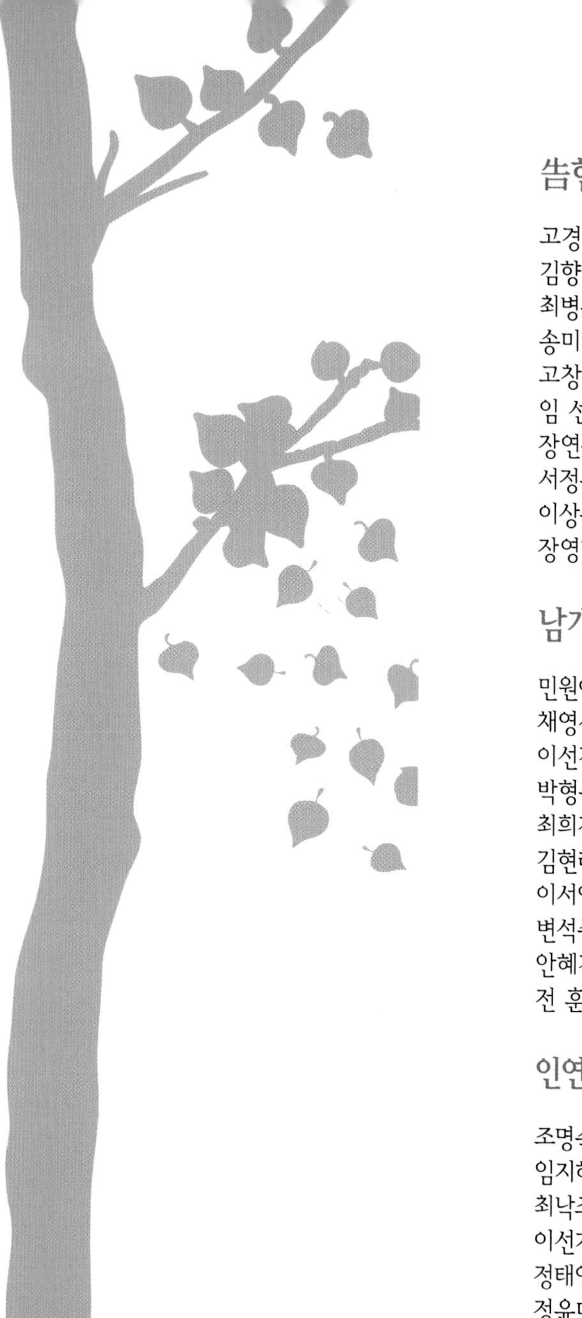

告함

남개연꽃

인연꽃

자귀나무 아래에서

달맞이꽃

서평

담쟁이 넝쿨

문득

문득
꽃 이름들이 퍽 낯설다
아무리 헤아려 봐도
어디서 들어 본 듯,
아닌 듯
꽃 피고
꽃이 진다
나도 모르게
그렇게
내 나이 뒤로
덤덤하게
봄날은 지나가고 있다

이재숙°

보는 이 없어도
햇살 받아 번지는
풀꽃 사이로

있는 듯
없는 듯

주위를 돌아봐라
그 누가 있다

° 이재숙 생활건강과 근무

김중걸°

편지 한 장 받고 싶습니다
'잘 있느냐' 는
당신의 안부편지

무슨 뜻이 있어서가 아니라
읽고
또 읽고 싶습니다

오늘도 꽃이 피고 집니다

° 김중걸 공동주택지원과 근무

김계영°

–백합

백합은
점점 당신이 되어가고 있다
당신은
백합을 닮아가고 있다
다윈의 학설은
수정되어야 한다 꽃잎 속에서
당신을 보면
백합으로 보인다

° 김계영 어르신복지과 근무

김 * *
–목련

꽃이 핍니다
투명하다 못해
아름다운 그런 꽃입니다
당신을 순백의 결정이라고
불리는 이유를 알겠습니다
우주 하나를
떠받치고
고요처럼
피우나고 있습니다

윤은미°

-분꽃

아련한 봄날
담장너머
분꽃을 보았습니다

더러는 말문 닫고
더러는 기다리며
참고 인내해 온 시간

그 풍경 하나에
종일
마음을 빼앗겼습니다

° 윤은미 일자리경제과 근무

홍광표°
–결국

꽃잎 하나

바람에
흔들리더니만

결국

허공에
둥글게
밀어내고 있다

° 홍광표 중계1동 근무

최광희°
–십자가

스스로 낮추고
스스로 비우고
매사의 부족함을
한 길 마음으로
비추는
세상에서
가장 작은
당신의 십자가
그 중심에서
세상을 보면
기쁨도 슬픔도
아름다울 수밖에 없다

° 최광희 여성가족과 근무

송제학°

-겨울나무 시편

속 깊이 접어둔 말들
훌훌 털고
보폭마저 걷어두고
지우듯
천만갈래 빛깔도
하나 둘 잦아진다
그 속으로 들어가다 보면
세상을 덮고 남을 만큼
넓은 하늘
품고 있다

° 송제학 전 노원구청 근무

이선영 °

–연꽃

어제를 내일처럼
내일을 오늘처럼
한결같이
꽃 피우신다
하늘에 닿은 뜻이
연꽃으로 태어나
온통
온 세상을
흰 꽃으로 물결을 출렁이고
있으니
연꽃이 당신이라는 사실을
이제야 알 것 같습니다

° 이선영 보건위생과 근무

송보람°

–봄 예감

당신이 눈을 깜빡일 때
옥매, 백매, 홍매가 앞 다퉈 핀다
알싸한 향기는
봄 마중 나간 목련을 지나
벚꽃 피는 마을까지
봄은
당신의 안경너머로부터
먼저 다가왔다

° 송보람 사회보장과 근무

복수초

삶

꽃이 피고 진다
그 세월에
주어진 내 삶의 몫이라면
무심으로 살고 싶다

이대선°

아무 생각 없이
본 것인데
벌린 두 팔 사이로
저 안에 넓은 가슴이
당신의 세상이라니

° 이대선 전 노원구청 근무

김후근°

-김후근평전

균형과 긴장을 구축한다
낙관/비판, 진보/보수, 구심/원심, 관심/무심
도전과 응전
그 경계에서 균형과 조화를 이루며
홀로 서듯
더불어 존재하듯
눈부신 빛보다
더 환한 물푸레나무
그 나무를 보면
당신이 어떤 사람인지 안다

° 김후근 교통지도과 근무

백영숙°
-솔붓꽃

유심히 본다
뭔가 있어
그런 건 아니다
아무것도 없어
그런 것 또한 아니다
아무도 눈길 주지 않는
마음 한구석
꽃 진자리
붉게 물들어 있다

° 백영숙 교통지도과 근무

문은지°
–솜양지꽃

아프다는 느낌
힘들다는 생각
그 자리가
당신의 꽃이
피는 자리입니다

° 문은지 전 노원구청 근무

정현주°
–물봉선화

낮가림 뒤에
다문 입

'봄동' 속
잎사귀
본 것 같은

물봉선화라고도
불려도 좋을
사람

° 정현주 부동산정보과 근무

오우현°

흔적 지우듯
간결하게
조용하게
그렇게
우리들은
그와 같이 삶을
감쪽같이
엮어본 적이
있으신가
그 마음 닮은
용문사 은행나무
은행잎
이 가을
내려놓는다

° 오우현 전 노원구청 근무

전병달[°]

어림잡아
50년
당신 곁에
성장한 나무
보았는지
성장의 무게만큼
당신의 이력
경견하게
읽을 수밖에 없다
바람이 몰아쳐도
크게 흔들리지 않겠다

[°]전병달 사회보장과 근무

김지용[°]

–눈꽃

세월의 시간위에
바람이
지나갔을 것이다
한때
비가 내렸을 것이다
당신이 머문 자리에
눈이 내린다
기쁨과 슬픔
희망과 좌절
더 이상 얻을 것도
버릴 것도 없는
대지에
오롯한 눈설이
만발하게
꽃 핀다

° 김지용 노원구청 근무

손영미°

-영미꽃

가까이 보면
더 선명하게 보이는 꽃
아름답다는 것
상냥하다는 것
모두가 다 아는 사실이지만
그대만 모르는
자신만의 꽃

° 손영미 복지정책과 근무

김영태°

–몸꽃

꽃 피기까지
목소리 낮추고
사리하나 품은 채
제 몸 다금질하며
비로소 핀 꽃
몸꽃이라 불려도 좋을
경건한 꽃

°김영태 자치행정과 근무

참꽃마리

봄꽃

봄을 불러들여
꽃들을
본 것뿐인데
못 본 척 지나쳤는데
나도 모르게
그렇게 될 줄 몰랐습니다
붉은 마음이야
어쩔 수 없다지만
내 모습조차
붉어졌습니다

이인우°

–엽서

낙엽이 떨어지는데
가을이 오지 않았다는
당신의 짧은 답신
한참 읽다가
나도
아직 가을이 오지 않았다고
편지를 썼다

° 이인우 재무과 근무

이석우°

–한마디

그렇게 왔다 갔다
여전히 그렇다

° 이석우 민원여권과 근무

오세길°

이제껏 지나온 이력을 쓴다
1979.2.21 ~ 2015.12.31 서울시 근무

단,
한 줄

° 오세길 전 노원구청 근무

전일룡°
–부처꽃

시간 안에
갇혔다
바람이 불 때
흔들린다
허공에 본적本籍을
둔
부처

° 전일룡 전 노원구청 근무

박강원°

–편백나무

꼿꼿하게
더 깊게
단오한 마음
숙연하다
당신의 편백나무는
탑이 아니겠는가

° 박강원 전 노원구보건소 근무

류 석°

뛴다
뛰는 것은 제 운명이다
고비사막 한복판 일지라도
어디론지 뛰어야 한다
끝없는
모래바람에
잠시 멈출지라도

° 류석 월계2동 근무

김승연°

세상으로부터
사람으로부터
엽서 한 장으로 그려진
자화상
해바라기 되어
늘 한 곳만 바라보는
당신
어제 다르고 오늘 다른 세상
어떤 때는
당개지치 우묵한 꽃대로
보일 때도 있습니다
우리가 닮고 싶은
또 다른 모습

° 김승연 교통행정과 근무

강정은°
–작약꽃

그렇게
천천히
명치끝 저림도
숨찰없이
불편, 아니 편히
가지런히
드러나는
꽃이 있을까
당신의 작약은
그런 꽃입니다

° 강정은 중계본동 근무

최한용°

-오동나무

노원구청
머리맡
오동나무
누가 그러라고 한 것도 아닌데
당신을 떠다놓은 것 같이
항상 제자리를 지키고 있다
어쩌면
오동나무가
당신이지 않겠는가

° 최한용 상계9동 근무

권순호°

길 끝에서
결연한 붓 끝
허공을 가른다
일필로 일어선다
또 다시
자신의 길을 내는
먼 길
한사코 가야할 길도
묵향으로 가득 하겠다

° 권순호 서예가, 구의회사무국 근무

생강나무

행복

담장너머 핀 박꽃을 보면
아무 말이 필요 없습니다
꽃을 보는 자체만으로도
행복합니다
눈을 감고 보아도
매일 매일 그러합니다
발가락 시린 하루
오늘도
당신만 있으면
충분합니다

박영주°

마음 움켜쥐고
한번도
보여준 적이 없는
꽃

여기저기 엉켜
피는데

어쩔 수 없어
와락
필 수밖에

° 박영주 여성가족과 근무

정향수°

-100년의 시

당신의 나무
한편의 시이다

한 그루 나무가
시가
되기까지

100년

당신의 시를 읽는 동안

산수유가, 매화가
몇 번인가
왔다, 갔다

° 정향수 디지털홍보과 근무

이학성°

시선조차
허락하지 않고
자신의 일을 묵묵히 하는
당신
우리가
설 자리조차
없습니다
그 뒷모습에 가려
우리가
보이지 않습니다

° 이학성 상계3·4동 근무

유재현°

-행복론

행복을 느끼느냐 느끼지 못하느냐는
오로지 자신의 마음에 달렸다는
당신

세상 뒷면에서 뿌린 꽃잎
하나 가득
환합니다

° 유재현 상계5동 근무

임광혁°

비울만큼
다 비운 뒤
그때서야 소리 나는
목어木魚
내가 본
당신의 본 모습

° 임광혁 교통행정과 근무

손옥순°

백합만 알았지
주홍색 참나리꽃은
알지 못했습니다
참나리꽃을
알아보지도 못하고
글을 쓰겠다고 나선
내 꼴을 가만히 보니
억지도
여간 억지가 아닙니다
이 마음 보듬어 주는
그 마음
분명
참나리꽃은
당신입니다

° 손옥순 민원여권과 근무

전형준°

–바람꽃

저 혼자
애태우며
마음 들었다가
내려놓았다가
단숨에
이 세상을 덮을 만큼
꽃불로
'확' 물들게 하지만
가만히
들여다보면
숨죽이며
꽃 피우는
사랑도 있다

° 전형준 문화체육과 근무

김정현°

바람에
흔들림이 없다
숨김도 없다
다만
화창한 봄날
봄꽃 터지는 소리
몰래 엿들을 때를
제외하고
오직
이 세상 하늘 밑
누구에게도
한 치에
부끄럼 없다

° 김정현 건축과 근무

김한정°

-나팔꽃

저녁6시
그림자
짧아지는
시간
꼭 다문
입술
단순해진다

° 김한정 장애인지원과 근무

박규희°

–바이올린 켜는 여자

바이올린
한 음표 속에
해남군 송지면 송호리
파도소리가
가슴으로 흘러 들어왔다
맴섬*도 도돌이표로 따라왔다
아무리 들여다보아도
보이지 않던
해당화 꽃
소리로 피어난다

° 박규희 상계9동 근무

* 육지 최남단 해남군 송지면 송호리 위치한 섬이름

수련

누군가가

작약꽃 하나가
꽃망울 밀어 올리더니만
꽃피우고 있습니다
누가 심었는지
그 마음 하나가
나를 움직일 수 있다니
선하디 선한
누군가가
참으로
고맙고
아름다운 봄날입니다

강윤이°
–단풍

가을 편으로
늦게
도착한
편지

이제야
꺼내
읽는다

° 강윤이 교통지도과 근무

이종수°
–시루나물풀

모두 존재의 가치를 말합니다
아름다운 세상을 만드는 꽃은 봄맞이 꽃입니다
개불알풀은 존엄을 외칩니다
누구는 자존을 원합니다
저마다 낱낱이 뒤집는 힘으로
각자의 소명으로
유신할 줄 알지만
이 시대, 우리는 한 몸이 필요할 때도 있습니다
온몸으로 땅에 버티고 앉은 우리의 시루나물풀

° 이종수 전 노원구공무원노동조합 위원장, 보건소 근무

방영근°

거미를 보라
환한 세상으로
날 센 바람 베어 물고
길 없는 길에서
길을 낸다
미륵을 꿈꾸는 새벽
당신의 눈까지
환하다

° 방영근 부동산정보과 근무

황미광°
–배꽃

햇살타고
들려오는
웃음소리

누굴까
저리
환한 웃음

나는
슬쩍
엿보았네

° 황미광 평생학습과 근무

최기연°

거침없이 걸어가라
자신이 그어둔 길이
곧 자신의 길이지 않겠는가

° 최기연 부동산정보과 근무

이창식°

–섬

제 맘속의 섬을 본다는 건
자신을 본다는 것
눈 감으면
선명히 보이는 섬

그 섬을 보았는지

° 이창식 월계3동 근무

전 한°

–꽃샘추위

빠끔히 문을 연다
세상이 이토록 매서운 줄 몰랐는지
울음보 터트리는
꽃망울

° 전한 공릉2동 근무

조연순, 이성용°
–담쟁이넝쿨

담쟁이넝쿨
허공에 기댄다
또 다른 넝쿨 하나가
살며시 다가와
서로 의지하고
지탱하며
푸른 길을 낸다
그들 사이에서
내가 모르는
그들만의 아우르는 사랑과
잔잔히 살아가는 법을
배운다

° 조연순, 보건위생과 · 이성용, 공동주택지원과 근무

박경옥°

–천상의 나팔꽃

제 집보다
큰 생각을 품속에 넣고
세상 밖으로
툭툭핀다
둥굴고 환하게
어떻게
그리 피는지
어찌
그런 마음을
가질 수 있는지
이 봄이
왜 그토록
아름다운지
생각하는 봄날입니다

° 박경옥 의약과 근무

박신교°

비로소 피는 꽃
그 어떤 생각 그 어떤 느낌이 없다면
자세히 보고 '아무것도 없다' 라고 하면
꽃을 꽃으로 보지 않는다면
그때서야 우리가 꽃이 될 수밖에
없다

° 박신교 복지정책과 근무

능소화

자화상

내 눈높이에서 나를 보다가
그대
눈높이에서 나를 보게 되었습니다
바람에 온몸을 내던진 꽃을 봅니다
알 수 없는 어둠 속을 허우적거리며
흔들리고 있습니다
날이 갈수록
진달래, 철쭉, 개나리
뒤로 한 채
속울음 감추듯
점점 작아지는 꽃을
전탑 뒤 몰래
숨어
나를 보고야 말았습니다

서형철°

그럼으로
주저하지 마라
무덤덤한 세상
힘들고
어렵다고 한들
결국
꽃 하나가
온통
세상을 물들일 수 있지
않겠는가

° 서형철 디지털홍보과 근무

김민서°

꽃을 피우고 싶다는 건
꽃을 저버리고 싶다는 건
바람에
펄럭이고
싶다는 것
나도
간혹 당신의 아름다운 이름을 빌려
말하고 싶을 때도 있다

° 김민서 노원문화예술회관 근무

최지은°

-시월산국山菊

시월산국山菊은
10월에 피는 거라며

꼭 다문 입술

° 최지은 민원여권과 근무

이광애°

세상은 둥굴다
당신의 얼굴모습
이와 같다
긴 세월 살아온 만큼
마음 또한 둥굴다
둥근 것이 사라진다 해도
둥근 슬픔조차
둥글게 머금은
그런 꽃을
혹시
본 적이 있으신가

° 이광애 중계본동 근무

최하림°

바람처럼 맑게 우려낸 말씨
온몸으로 체득한 웃음까지
한결같은 마음
변하지 않는 모습조차
내적인 심지心志에서 드러난 것이어서
아름다운
당신의 시

'한편의 시' 가
'나의 시' 로 되기까지

아직은
먼- 나의 짧은 필력

° 최하림 건축과 근무

이진행°

–자작나무 시간

또 다시
겨울 속으로 들어간다
결제 하나를
곧게 세우고
마다 마디 도덕과 계율
투명한 알몸으로
사고思考의 시간이여

° 이진행 자치행정과 근무

권경숙°
–사랑

'사랑' 이라는 의미를 생각해 봅니다
'어떤 존재를 몹시 아끼고 귀중히 여기는 마음. 또는 그런 일'
사전적 의미는 그러합니다
순수하고 아름다운 우리말입니다
당신에게서 세상을 살아가는 도리라는 사실도 알았습니다
햇살이 비친 푸르른 잎사귀 사이로
오래전에 보았던 사랑이라는 단어가
여전히 퇴색되지 않은 채
더욱 뚜렷이 보입니다

° 권경숙 자원순환과 근무

이복호°

꽃이 핀다
꽃이 진다
그러하듯이
필연이다
꽃이 피는 동안
꽃이 지는 동안
무슨 말이 필요하랴
당신이 지나온 자리마다
오랫동안
눈길로 머문다

° 이복호 전 노원구청 근무

김현예°

눈부신 날입니다
온 겨울 다져온 생명의 무게
다시 생명이 움트고
마침내
붉은 꽃
한송이 피었습니다
너무 고와
오래 동안
바라보지 못했습니다
이 봄을 어찌 맞으랴
누구나
저렇게 붉은 날이 있었겠지요

° 김현예 주택사업과 근무

김경순°
-이슬꽃

바람이 스쳐지나가는
그 자리에서
본 당신
우리들은
당신의 이름을 모릅니다
또 다른 하나의 꽃으로
우리 마음속에
존재하고 있을 뿐
잎사귀마다
투명하다 못해
아름답다고
말 할 수밖에 없습니다

° 김경순 부동산정보과 근무

단풍

사랑

밤새
누군가가 왔다갔나 보다
서성였던 발자국들
떨어진 꽃잎
그 자리 따스하다
지그시 눈감고 보면
그것도,
또 하나의 가슴 저린 사랑

김혜인[°]

간밤에 이슬비가 내리더니
이파리가 파랗게 짙어간다
이내 꽃봉오리가
입을 벌리기 시작한다
따뜻한 봄날
이 모습을 봄 편지에 새겨
당신에게 전하고 싶다

° 김혜인 부동산정보과 근무

방민수°
–상수리나무

나무 가지가지 마다 열매를 품은 그 마저도 본래 자리로 되돌려
보내야하는 이 가을, 당신은 소신공양 중이시다

° 방민수 건축과 근무

안철식°
–책 한권

책 한권을 얻었습니다
누가 보라고 한 것 아니고
떼를 써서 얻은 것 아닙니다
당신의 삶에서
오랫동안 머물면서 받아 쓴 책입니다

그 귀한 책에서
당신의 이력이 묻어있는 글귀와
깊이 박혀있는 삶의 갈피마다
드러나는 문장
눈으로 읽고
밑줄을 그었습니다

당신에게서
참, 아름다운
책 한권을 얻었습니다

° 안철식 행정지원국장

서은주°

우연히 본 것인데
고사리 같은 꽃이었습니다
조물조물 갓 피어난
꽃입니다
우리가 지금까지 보지 못한
그런 꽃
예전부터
그곳에 있었던 것처럼
피고 있습니다

° 서은주 민원여권과 근무

김민욱°
–분꽃

햇살과 바람 속에서
막 태어난
꽃망울
맑고
티 없이 맑아서
뭐든지 다 들어 줄 수밖에 없는
푸른 눈망울
당신을 너무 닮은 서연*,
분꽃

° 김민욱 부동산정보과 근무

* 서연, 첫딸이름

김소영°
–비밀

그것이
무엇인지
알려고 하지마라

누구나 맘속엔
숨기고 싶은
꽃 하나를
가지고 있지 않은가

° 김소영 문화체육과 근무

박화순[°]

먼 길 돌아서 보았던 꽃
우리 곁에서 보았습니다

꽃을 보느냐, 못 보느냐는
오로지 마음에
달렸다는 것을

한참 후
나이 들면서 깨달았습니다

° 박화순 전 노원구청 근무

김종수°

하늘을 가슴에 품었다
비울 것
다 비운 뒤
환하게 웃으며
나들이 가듯
떠나가고 있다

바람의 힘도 막을 수 없는
담담하게 드러난
당신의 뒷모습

우리들은
과연
어떤 사람입니까

° 김종수 전 노원구청 근무

안정연°

혹자는 장미라고
누구는 백합이라고 말한다
그들의 말은 틀림이 없다
하지만
살아가면서 울고 웃는
가장 낮은 자리에서
작은 바람에도 흔들리는 노란 꽃다지라면
어떨까
자신을 낮추고
꽃 이름을
우러르는
봄입니다

° 안정연 부동산정보과 근무

김영옥°
–간절한 기도

꽃망울을 터트리고 있다
수천 번, 수만 번 접어두었던
간절한 염원
가슴으로 품었던
향기로
온 세상을
바꾸고 싶은
당신의 간절한 기도
하얗게 피어나는가 하더니
반쯤 얼굴을 가리고 있다

° 김영옥 중계4동 근무

참나무 군락

느티나무에게

당신을 바라봅니다
눈이 부셔 차마 볼 수 없습니다
꿈꾸지는 않았지만
애시 당초 당신이 될 수 없다는 것을 알면서
이 아침
다시 바라봅니다
한 치의 여백 없이 내비치는 폼새
스치는 바람까지
당신의 모습으로 보일 줄 몰랐습니다
그 그늘에서
물들이고 싶은 마음조차
감당 못해
어쩔 수 없어
당신에게 기댈 수밖에 없는
나는
미약한 존재입니다

이지선°

바람을 이겨낸
숭고함
비가 만들어 낸
맑음
태양의 눈부심까지
이러한 모습을
모두 하나로 엮어 놓으면
튤립이라는 꽃이 탄생한다
튤립, 즉 당신의 명작

° 이지선 상계6·7동 근무

손승국°

-쉿

저

혼자

놀다가

이제야

꽃핀다

° 손승국 문화체육과 근무

김은영°
–안나*

마음 한구석 바람소리 달랜다
그 언저리에 초록 빛 키운다
당신이 당신으로 산다는 것은
자신의 가지마다
꽃망울 틔우며 섬기는 일
안나의 이름으로
그 이유 하나만으로
당신이 어떤 사람인지를
알 수 있다
어쩌면 우리들은 당신 안에서
나 아닌 당신이 되어 가는 건지도
모를 일이다

° 김은영 부동산정보과 근무

* 안나, 세례명

손영달°
-산

봄 여름 가을 겨울
지난 세월의 흔적을 고스란히 드러낸 채
여전히 제자리에 지키고 있다
한번도 내색하지 않고
하늘을 품고 있다
보면 볼수록
깊이가 느껴지는
산
그만 아찔해서
산란하던 마음을
곱씹어 봅니다

° 손영달 재무과 근무

김태희
–패랭이꽃

햇살 받은 듯
노을에 기대 듯
그렇게
바람보다 더 낮게
하늘 아래 한가운데서
눈뜨는
패랭이꽃
나를 낮게 엎드리라 하신 건
당신입니다

° 김태희 민원여권과 근무

박미녀°

물들어 가는 단풍,
담금질하는 10월의 마음까지
당신의 가을은
바람이 조금 불어도 좋을 거야

° 박미녀 자치행정과 근무

이준일°
–大兄

나는 나를 모릅니다
이런 천치가
남에게는 시인으로 보이는
나는 나 이상이 되고 말았습니다
나 자신일 것
나 자신의 본 모습일 것
끝끝내
부르고
또 찾아가면
大兄처럼
나를 만날 수 있을까요

° 이준일 전 노원구청 근무

김성환°

-헌법 제1조 제2항*

가슴에
소망 하나 가득
옥처럼
민주주의와 평등을
품고
헌법 제1조 제2항을
평생
짊어지고
다니셨다
어느덧
주권의 나무에서
성글어가는 열매

°김성환 노원구청장

* 헌법 제1조 제2항 대한민국의 주권은 국민에게 있고, 모든 권력은 국민으로부터 나온다

박포영°

피어야만 꽃이겠느냐
꾸려 안은 삶
맨몸으로
제자리를
묵묵히
지키고 있는
당신의 나무
또한
꽃일 수밖에 없지 않느냐

° 박포영 민원여권과 근무

주태준°

스무살 지나
서른줄 욕망 잠재우고
지나간 시간이
멈춘 곳
지천명地天明

뭔가 허전하여 돌아다보면
누군가가
당신에게
기대고 있다

° 주태준 건설관리과 근무

산수유

告함

주저하지 않겠다
붉게 물들은 입술 열고
가슴 가득 차오르는
온힘을 다해
사랑한다고 외치겠다
이제는
추억으로
세상을 물들이지
않겠다

고경희[°]

–오월국五月菊

담장너머
고여 있던 말
기울이면
붉게 채색되어
꽃으로 핍니다
당신의 마음에서
우러르는 꽃을
볼 날이
멀지 않겠지요
당신으로부터
오월국五月菊은
우리 곁에
그렇게
다가왔습니다.
가슴 속 깊이 접은 말뜻을
이제야 알 것 같습니다

° 고경희 행정지원과 근무

김향미°

자신을 낮추고
낮추며
세상을 향해
문을 엽니다
한걸음 옮길 때마다
경건한 몸짓
꽃 핀다는 건
당신의 간절한 기도

아!
한 사람의 순수와
멎어버릴 것 같은 벅찬 심장

° 김향미 민원여권과 근무

최병우°
–혁명

이세상
한심하다고
뒤엎을 수도
그렇다고 해서
막을 도리가 없지 않은가
우리가 할 수 있는 일이란
딱 하나
세상을 진지하게 대하지 않을 뿐
그렇게
덤덤하게
꽃 필 수밖에
없지 않은가

° 최병우 문화체육과 근무

송미란°

–벚꽃

바람은 숨결이다
어제 다르고 오늘 다르다
아침 다르고 저녁 다르다
개나리, 진달래가 피더니만
어느새
벚꽃으로
당신은 피고 있습니다

° 송미란 기획예산과 근무

고창희°

동백이 떨어질 쯤
목련이 활짝 피었습니다
그 기간은 고작 일주일입니다
곧 벚꽃이 일제히 사라질것입니다
그러나 걱정 없습니다
내 곁에
오랫동안 머무를
아름다운 사람이 있으니까요
그를 대상으로
시를 썼으니
이 봄의 순간을 늘여
짧은 봄도
긴 봄으로 만든 셈입니다

° 고창희 행정지원과 근무

임 선°
–산수유

꼭 다문 꽃잎
영영 입을 열 것 같지 않은 꽃
유심히 본 것인데
느리게 느리게 피고 있습니다
한참동안 보면서
이제는 이해 할 것 같습니다
꽃을 피우기 위해서
산수유 이름으로
마음 하나 세우는
봄입니다

° 임선 기획예산과 근무

장연주°

아름답다는
욕심 투성이 언어를 밀쳐내고
예쁘다는 수식어를 뺀 뒤
거룩해진
모습이
더해졌습니다
이제까지
볼 수 없었던
모습입니다

° 장연주 디지털홍보과 근무

서정순°

향기 스며드는
맛깔난 봄날
꺵꺵이풀, 눈개쑥부쟁이
명자꽃, 고마리 보다
참꽃마리로
우리 곁에
먼저
들어앉은
당신

° 서정순 교통지도과 근무

이상수°

– 사라방드, 혹은 헨델

낯선 동네, 안내책자에 표시조차 없는 막다른 골목에서 방위를 잃고 헤맨다 눈앞에 새로운 풍경이 펼쳐지고 현실에서 본 적이 없는 광경이 펼쳐진다 시간도 공간도 사라져 버린 세상 공중을 부유하는 단면들이 끝없이 펼쳐진다 이곳을 확인하려고 한 번 더 응시하고 마음에 되뇔 때 기억의 회로에서 불이 켜진다 영혼의 소리 나는 잠시 멈춰 서서 귀를 기울인다
사라방드, 사라방드
그 천상의 선율
당신의 헨델

° 이상수 여성가족과 근무

채영선°

우리들 사이에
마음을 지주 삼아
꽃 피고 있습니다
고뇌와 갈등
절제와 충만
쉽게 피는 것은 아니겠지만
흔들림이 없습니다

그 이름만으로도
우리들에게
영혼의 때를 씻을
향기를 가지고 있습니다

당신,
채송화로 피었습니다

° 채영선 어르신복지과 근무

이선경°

–장미

뜨거운 봄
5월의 한낮
가라앉은 가벼움
어느 한곳에도
얽매이지 않고
당당한 모습
간혹
바람에 흔들리지만
아름다운 존재
지금은
삶을
되돌아 봐야 할
나이

° 이선경 중계2,3동 근무

박형용°
–종가시나무

누가 네 갈 길을 막겠느냐
아무리 거센 비바람 몰아쳐도
한 치 분간 못하는
어둠이라도
정녕
보이지 않는
무언의 힘으로
있는 힘을 다해
살다보면 하늘을 덮을 만큼
끝내
전북 임실군 청웅면 석두리 55번지
종가시나무가 되지 않겠느냐
너의 존재 이유이다

° 박형용 장애인지원과 근무

최희진°

민들레가 피었습니다
그 옆에 냉이 꽃도 피었습니다
민들레가 있는지
냉이꽃이 있는지
모르고
모르고
꽃 피다가
민들레가, 냉이꽃이
누가 먼저라고 할 것 없이
서로가
서로 곁으로
다가가는
5월입니다

° 최희진 상계8동 근무

김현래°

꽃을 본다
삶의 행간에서
꽃이 피고 진다
당신의 두근대는 이야기를
받아쓰면서
따라가다
흠칫, 놀란다
내가 당신을 보는 것이 아니라
당신이 나를 본다
당신의 눈에 비친 나를 보다가
머뭇머뭇
드러난 문장
생애를
되돌릴 수 없는
부끄러운 나의 꽃이여

° 김현래 건축과 근무

이서영°

싱그러운 맑은 소리
오롯이 스미는 빛
바람조차
가늠 할 수 없는 당신의 모습
당신을 대상으로 '시'로 쓴다고 하면서
아직 첫 문장조차 쓰지 못하는
나는
거짓시인일 수밖에
없습니다

° 이서영 자치행정과 근무

변석주°

숲 그늘
비집고 서서
그럴 수 없다고
허공을 향해
봄 앞에 선
푸른종지꽃
내가
못해 본
찬란한
반란

°변석주 사회보장과 근무

안혜경°
–코스모스 운문

꽃대 하나 의지 한 채
꽃 피우고 있다
두 손 모아 떠받치고 있는
너울과 흔들림

바람마저
비켜서고 있다

° 안혜경 복지정책과 근무

전 훈°
–느티나무

느티나무 밖에 내가 있다
나무는 갈수록 더욱 푸르고
그때부터 지금까지
보고만 있을 수밖에 없다
내가 느티나무가 되지 못한 이유
단 한 가지
내가 당신이 아니기 때문이다
느티나무
밖에
내가 있다

° 전훈 건축과 근무

연꽃

인연꽃

백락사에서
부처님을 뵙고 돌아오는 길
스치는 바람 맛까지 따라 올 줄
몰랐다
덤으로
지천으로 핀 제비꽃 향기까지
묻어나는
참으로 과분하게
마음까지
젖어있다

조명숙°

-군자란

발걸음도
하늘도
바람의 변주곡으로
올려놓은 밤
이때
적막도, 고요도
꽃이 된다
저 혼자 피는 꽃은
없다

° 조명숙 공릉1동 근무

임지혜°

이제나
저제나
산통 느끼는
꽃봉오리
봄바람도 하도
궁금해
세상 밖을
두리번거리며
살핀다

° 임지혜 행정지원과 근무

최낙조°

이 세상 살면서
말하고 싶은 것 있어도
가슴에 담고 싶어도
애써 외면했다
세상을 향해
내가 지금 할 수 있는 일이란
단 한 가지
바람이 불면
흔들리는 것 뿐
그 외에는
아무것도 필요치 않다

° 최낙조 하계1동 근무

이선기°

삶은 희망을 낳고
희망은 감사에 씨앗을 묻고
질서정연하게
오늘 하루
엄숙한 의식을 치릅니다
오늘은 내일을 잇는 거라며
당신이 걸어온 길
꽃이 피고 집니다
오늘에서야
그 이치를 깨달았습니다

° 이선기 전 노원구청 근무

정태영°

감내하기엔 먼 아픔
오르고
기어올라
올라가다보면
뒤돌아 볼 틈 없이
밀어 내다보면
우리가 꿈꾸는
벽오동 세상
어찌 보고만 두랴
곧
바람이
몰려올 것이다

° 정태영 행정지원과 근무

정윤미[°]
–여로꽃

무슨 말이
더 필요할까요
먼발치에서
숨죽이며
볼 수밖에 없습니다
점점 불거지는
여로

° 정윤미 장애인지원과 근무

장윤선°
-무릇

아직까지
본적도
이름을 부른 적도 없는
여전히
세상밖으로
드러나지 않은
꽃*

* 무슨 꽃인가를 뚫어지게 보지 말라
시속에 표현 그대로 봐라
그 자체로
그것이 참이다
있는 그대로를, 있는 그대로
보아야 하지 않겠는가
더 이상
무슨 말이 필요할까

° 장윤선 전 노원구청 근무

민수희°

속내 한번
내비치지 않던
제 속
꾸미고
꾸민다 해도
모습 뒤에
본 모습이
숨어있어
더 예쁜 꽃

° 민수희 부동산정보과 근무

김금선°

–큰꽃으아리

슬며시
달하나
품더니
우리 곁에
다가와
남몰래
핀
둥근
큰꽃으아리

° 김금선 물안전관리과 근무

은행나무와 넝쿨

자귀나무 아래에서

간혹 바람에
흔들린다고 해서
쉽게 단언하지 말 것
쉽게 판단하지 말 것
실눈 뜨고 자세히 볼 일이다
그 이상은
언제나
보이지 않는 곳에 있기 마련
숨 막힌 풀무질에
완전히 연소될 때까지
순백의 결정 토대 위에
꽃이 핀다
누가 이 꽃을 본적이 있는가
마음을 열어야
꽃이 보인다

한＊＊°

–호접란

꽃모습이 나비의 무리 같다고
호접란으로 불리고 있습니다
아름답고 화려합니다
세세한 이름이 있지만
너무 많아서 정확하게 알기가 쉽지 않습니다
통칭으로 호접란이라고 부르고 있으니
나도 또한 당신을 그렇게 불렀습니다
이름을 부르면서도 쉽게 다가가지는 못했습니다
그 많은 꽃 이름 중에 하나 갖지 못한 나로서는
오늘도
반성문을 쓸 수밖에 없습니다.

유일남[°]

– 11월의 나무

허울 다 털어 버린
나뭇가지 사이로
언 듯 언 듯
보이는 웃음
그 웃음에 번지는
여유로운 여백
모습
훗날
내 모습이고 싶다

° 유일남 전 노원구청 근무

구자흥°

숲 속
나무와 나무 사이에
꽃들이 핀다
하물며 사람 사는 땅위에
꽃이 피지 않겠느냐
온몸에 돋아나는
잔털같이
사람과 사람사이에
비집고 앉은
당신의 꽃
간혹
내가
그 꽃이 되는
꿈을 꾼다

° 구자흥 공릉1동 근무

문수경 °
–동백

하늘아래
등불 밝히는
동백
겹겹이 꽃잎
사이로
붉게 물들은 마음
단단한 내속
내밀어서
보여준다면
저리 아름다울까

° 문수경 디지털홍보과 근무

최광빈°

충청도
어디 쯤
느티나무 하나
그늘이 좋교다
당신과 함께
걸어온
느티나무
아래에서
묵상
하루에도 몇 번이고
그 그늘에
물들고 싶다

° 최광빈 노원구청 부구청장

김덕수 °

묵묵부답
무성한 쥐똥나무
그림자가 다가와
지나는 바람에게
말 거는 줄 모르고
난 그런 것
모른다
모른다하며
꽃 핀다

° 김덕수 상계10동 근무

이석구[°]

이 세상
비바람이 몰아쳐도
힘들다는 변명은 필요 없다
봄바람에
흥이 겨워
흔들지 않았던가
잘 살은 몸
상수리 열매
두 손으로
공손히
받쳐든다

° 이석구 문화체육과 근무

김 * *
–이팝나무

이팝나무
흩트려지게
핀다
가슴속으로 들어오는
새하얀 이팝 마음에 갇혀
우리들은
섬이 된다
스스로
섬이 된다

박 * *
- 수선화

엿보지도 않고
아는 체도 없이
모르는 것도
아닌 듯
이모든 것을
내색도 하지 않은 채
아랑곳없이 핀다

무량한
수선화

구절초

달맞이꽃

달을 품고 있다
곱고
노란 달맞이 꽃
수줍어
반쯤 감춘 채

김현숙°

꽃을 발견했습니다
왜 지금까지 꽃을 보지 못했을까요
바람에도 흔들림 없이
하늘과 맞닿아
핀 꽃
당신의 기도
당신의 뜻이
가장 가까이 들리는 그곳

분명
바울의 후예를
닮은 모습

° 김현숙 민원여권과 근무

김영희[°]
-수수꽃다리

라일락
일명, 수수꽃다리
당신이 그 꽃을 닮았다는 사실은
아름다운 모습 때문이 아니다
그윽한 향기 또한 더욱 아니다
이 모든 사실이
꽃 속에서 드러난 아름다운 마음이었다면
당신에게서는
지고지순한 사랑이었을 것이다
이때부터
그 꽃을 보면
당신이 더욱 달라보였다

° 김영희 교통행정과 근무

이정아[°]

–벚꽃

작년에 본 꽃
올해에도 다시 본다
제 속의 아름다움을
어찌 할 수 없다는 듯
그녀도 벚꽃으로
돌아왔다
올 봄에는 다른 해 못지않게
꽃이 만발하게
피었다

° 이정아 건설관리과 근무

탁용대°

쭈구려 앉아 강의를 듣는다
수강료가 없다
당신 앞에서
당신이 내게 불러 준 대로
이렇게 저렇게
받아쓰기만 하면 된다
어느 교재에도 없는
사전에도 없는
엄동설한에
봄꽃으로 피는
은유
한번쯤은
다시
부르고 싶은
당신의 이름이다

° 탁용대 일자리경제과 근무

노원구청
– 지금, 당신은 꽃입니다

동안거, 긴 결제의 시간이 해제되었습니다. 그 봄기운을 제일 먼저 알아차린 꽃은 봄맞이꽃입니다, 긴 추위와 어둠을 이겨내고 하얗게 올라오는 꽃봉오리는 앙증맞다고 할 수 밖에 없습니다.

그 곁에 우주적인 상상력을 가당은 꽃도 있습니다. 작지만 세상을 움직일만한 울림을 지닌 모습. 영춘화입니다. 그 모습을 보면 나를 잡아당기는 그 어떤 힘이 느껴집니다.

도드라지게 돋아난 잎사귀, 꿩의다리아재비 또한 우리를 놀라게 합니다. 자신의 색깔을 잊어버리지 않고 영원히 숨 쉬듯 그래서 작은 바람에도 마음껏 춤을 출 것 같은 꽃. 그런 꽃이라면 눈에 넣어도 아프지 않을 것 같습니다.

세상 어디서도 볼 수 있을 진데 이 순간 특별한 모습으로 다가오는 노루발 풀도 보입니다. 나에게 추구하고 싶은 마음을 묻는 다면 “노루발 풀처럼 담백한 삶”이라고 대답하곤 합니다.

어느 날 문득 내가 뭘 하고 있는 거지? 생각이 들 때 가장 낮은 자세로 하늘을 우러르는 용담. 내 마음이 숙연하기까지 합니다. 꽃잎을 세워봅니다. 하나, 둘, 셋, 작은 꽃잎이 너무 예뻐서 오래 바라볼 수 없습니다.

설혹 세간에서 보면 삶이 뭐 저래, 할 수 있을지도 모르지만 눈길로는 미칠 수 없는 아름다움일까? 허리를 꾸부려지듯 곧게 세운 까치꽃을 보면 우스꽝스럽기까지 보일 수 있지만 한편으로 보면 너무 진지해 온몸이 시려옵니다.

해제를 맞아 드러난 모습. 그 아름다운 풍경을 만나기 위해서는 오랜 기간 동안 결제의 시간을 이겨낸 결과입니다. 해제라는 것은 이렇게 풍경을 그리고 다시 그리는 것을 의미합니다.

설령 이쁜이겠습니까. 이 세상에 꽃만 피우냐고요. 자세히 보면 꽃만이 아니라는 사실을 금방 알아차릴 것입니다. 이 계절 당신을 통해 나를 보고 당신을 통해 나를 느낍니다. 나는 당신 앞에서 절하듯 엎드립니다.

김지용 이충원 강보경 이규철 서학선 박성민 김성우 고경희 권경애 송미령 양달승 김현석 김동미 송창훈 정은희 박상훈 이재익 안상훈 이한복 우정훈 이교범 손기종 정시광 박찬용 공지현 황선영 한주석 박유재 오경임 황철근 신진재 오병모 박형순 최은하 김영희 김산규 김창기 김은영 임지혜 류정아 송장성 이은경 심명숙 김용철 최재원 정태영 고창희 홍성아 박정원 최병필 안병규 이진의 이만우 방윤영 박붕규 신석민 전용선 황영원 한정훈 선수완 신동인 고영수 김인기 장의백 이진행 유재혁 황선의 김영태 윤춘병 황선국 신현주 이상수 최재연 김운기 양현미 이서영 임재훈 고은숙 김영재 박미녀 이영준 김영주 이지선 최용록 박영주 김병원 전호준 여인선 조병주 김정재 서형철 김혜성 황한규 박경애 정창호 문세종 황정현 이락휘 박경미 문수경 배명복 김지용 박재원 김창학 최성훈 문동욱 정용채 엄창현 장연주 고재종 김준태 윤희상 박지은 이성도 최두리 임정아 김규태 최병우 김영기 박홍성 이석구 손승국 손장희 이원순 예규해 이은정 이혜영 전형준 김 구 김현식 이혜영 김명래 문복균 강여진 심규정 김유라 이청미 유건준 진향숙 박희자 전현호 백현민 서은주 김지혜 임순완 정서연 박포영 최지은 박재성 김인자 김재옥 김혜미 정경희 이숙

이 정영순 노재희 김지선 이유미 김현숙 김태희 신은수 김소영 김향미 전승옥 정유진 손옥순 황영숙 김민경 신선미 이미나 권희정 최충기 윤병국 임미정 이영재 용상희 이명숙 서재영 이기백 김승청 박용길 석민수 오상윤 이중재 안형근 송미란 유소영 문성수 홍 현 이민경 박진영 김현기 이명숙 김예화 이준일 손영달 김숙희 김희성 김태정 심재순 이선희 신순자 고연화 이혜란 박성호 박혜경 송현숙 손경술 김준 한명아 양희자 김병석 이한섭 탁용대 우철희 윤상배 정남희 김수창 정오장 박미향 박혜란 이형주 이재응 백종현 임미영 김문섭 심재현 김영락 김현아 신미재 박선하 김보미 이정선 윤은미 김선아 김필희 윤연희 이준승 한여옥 박민호 정경천 하종민 심순자 정정택 강신엽 김주영 이은미 박진섭 박덕재 박덕응 이인성 강문영 송찬호 조영난 김영주 이다정 박미진 조현선 최혜숙 김국일 신중만 송지희 신원수 금정화 김양선 최윤청 양유리 박성민 김태성 유병석 최윤성 문민규 정창휘 박은식 이상훈 조성현 박수양 최홍진 최희전 윤종필 유명열 임진희 박상희 정인섭 지흥근 임찬기 한성민 김한조 박송희 권명숙 손지선 오성은 최윤희 이가해 도민희 유원호 정효성 김창렬 이선미 조병현 박순봉 김정오 정영호 조성권 이상진 김명수 김지훈

방영근 신천호 김경순 김성대 이상혁 김준혁 최기연 이의진 민수희 김은영 김혜인 김민욱 유장진 조정길 김병구 함준기 안정연 송인필 유영팔 박신교 윤상렬 전창현 하재홍 박정숙 최근형 안혜경 박만기 이윤희 이숙희 강민희 황병조 정미경 성금택 전수연 송경섭 이충주 최인원 조영숙 서정호 임지선 엄대열 강오영 윤설희 손영미 채준석 김혜영 이혜원 최현주 박민수 강송희 김기수 구윤희 장세창 이현숙 박노균 남미숙 이경숙 김은희 방희진 김일곤 오미정 김 미 이용국 박정현 김수경 김효성 권소영 유영윤 이대수 강현숙 조근상 임동희 이형호 김동석 박창순 박종기 최헌명 민지현 황미광 조문희 이경은 김혜교 김혜련 김지애 김낭희 정미혜 나은비 전병달 이영심 김지연 조훈정 남정윤 이경미 김찬호 강나미 안슬기 왕정숙 신선옥 김문규 신혜경 이명화 고송희 조정희 박민선 최희진 박란이 권대성 이영미 한희선 이혜미 송보람 문지윤 변석주 박병선 최영주 김지현 심은영 이유정 남철호 황현진 이슬기 조혜진 노미경 박현주 김진형 김정미 박선영 김수빈 이은희 유경규 이지원 박한샘 고미화 최우혁 김혜정 김유정 박혜숙 김보라 빈상욱 김세정 정선금 최미숙 이연옥 박혜영 최광희 이상옥 이연옥 이호재 이성미 이재환 김윤선 민선희 권현주 김주영 조성민 김윤진 김정한 정설희 최선희 이정인 김시화 권종민 유재준 김동진 임현정 조명애 박정은 노상훈 박미희 김지선 김영훈 탁흥준 김윤정 김상헌 양정희 백승영 조명애 변경희 박아영 김은미 채영선 고정신 김성민 이향숙 이정희 박선녕 김봉순 김효정 이겸운 신나라 김계영 임지영 홍성호 신상용 이정화 현희연 정영자 이재구 장재훈 전명달 선종근 박형용 이해중 정윤미 황윤정 이원균 김한정 김소연 백종년 장태종 이성용 김무형 김만식 하동준 이승윤 노경숙 이경아 정수영 이효규 김춘형 김여학 최소영 김영부 이창희 함봉균 이창식 김성훈 여인근 차지남 안종학 양현호 이충열 김갑규 김래현 노동웅 천동필 김기복 신세평 김대준 김현예 조우찬 하동수 신호준 최규균 김현준 김도연 최문경 이영화 강신우 유봉선 전해만 박진형 유재현 김이중 지창희 고경희 최인철 오춘우 이상애 이중세 오정훈 박용경 유춘욱 우상민 김효태 김민영 김현정 김병기 이충일 권혁승 임제빈 박기원 김승호 이동표 구제후 김현래 최하림 함순종 김정현 김일곤 손남기 전훈 강순주 방민수 곽민호 장진훈 김지정 사공상우 황의학 전은우 정석균 김정완 이영관 소원섭 박강원 김흥기 김기완 김근선 전병일 김수천 김병남 김성환 조종석 최혜란 정창수 이용성 구일

구 오정화 손태빈 김태용 오창균 김호현 복봉수 안태유 송창규 백승이 황철혜 문희웅 송창규 최세택 정정임 최의두 조정호 최용석 최미경 박재현 정은준 전정수 김미라 김태경 김샛별 강광석 추옥미 이동석 장순백 조용욱 강시원 전푸름 이보용 정윤미 이인규 최한용 정도현 위정근 최낙조 양미란 주태준 박갑임 이정아 임제숙 신수지 김정철 송재혁 김강민 박성일 유민철 정영교 남택춘 이진국 이은식 김승연 박완수 박세호 김상수 주성응 손수정 김철호 임광혁 전상현 유용호 김영희 최현구 김용삼 김현주 소상호 강석무 장윤실 정천수 전왕필 김기동 조형덕 정연동 김형숙 장재숙 김혜진 조윤희 정지희 김보배 김준수 정효성 유원호 김주연 박민선 이정숙 김후근 최종근 정인자 안승로 나용주 서정순 구자성 조래준 김희주 황호진 김태형 강대식 윤 정 윤병태 천성미 백정미 장명숙 이병주 홍수정 김지우 백영숙 당현창 신해미 강윤미 장경덕 박지야 윤원희 이창로 박주천 권경숙 김진일 김재훈 권영미 박휘권 박중옥 양현응 김가영 오종소 류제헌 임규원 정재훈 이경숙 김동진 안태진 이상일 이현진 김민섭 황인혜 전소연 이성표 임용철 김상기 신현호 김태현 박기선 고봉채 문혜정 박진서 김혜량 박 융 이상홍 인대수 김용석 박지영 박진규 박광섭 심성일 박자영 장혜승 이지은 이희수 김현섭 이광희 이미라 심복현 허문행 박병철 이영수 전혜진 피정성 이상태 백종채 이정은 임성주 박동훈 김문식 장운우 김정숙 이정돈 하성호 오승환 강산준 김상진 박재응 김준환 도보선 안희경 장재덕 백인기 오광준 이상구 김윤배 권기남 박해옥 이재택 정행옥 민순홍 김흥중 권운웅 김종천 강경덕 김창식 김진식 양재선 이 황 박강원 조연순 허경무 양회군 최철주 김영범 백은희 김한기 안호준 민숙기 강금화 이선욱 금해주 오수진 김수연 천현근 이동희 조원표 정은선 양성무 김보라 김성동 김정일 강미나 안승철 김명옥 이재숙 임연옥 임지응 강희정 용명재 김명숙 김은경 이종수 정은경 이진희 김영한 김미향 김남희 이은주 이창복 노태건 정지은 정인희 안혜란 이유나 곽병호 박인아 박은경 김정민 양진모 구연희 임난근 장귀남 박경옥 김광암 이지현 김미남 조현주 석명선 문인태 배경숙 강원준 강영민 김필재 연재화 임현정 김대겸 이서윤 정전은 최민화 이재학 주승현 박선경 김영옥 지영이 유선경 김소연 김용덕 김은정 정순임 신유철 강호선 최은정 최덕순 조한희 정은숙 박성숙 강윤경 이문규 이혜숙 이화선 전화영 이용순 최지영 김윤주 김정숙 김미경 정혜영 박새롬 김학락 노정석 김희혜 전형태 채미숙 박성우 정화영 조정현 김영희 서동현 김문경 강정애 신정은 이현수 송사랑 이미령 이은진 전성일 이동우 정선경 김봉석 윤지영 한규업 황선숙 강희숙 성경화 최정민 김준우 고영찬 신희숙 유철희 강경희 김수진 강미영 김흥두 김태희 이수연 손아름 홍하나 성윤주 강유리 천행영 김은선 진현정 최민수 김수연 박은영 송유익 신국성 허동수 신순태 박경숙 고형모 김재원 김정미 장경식 이은경 김 신 윤영동 윤성환 정주연 신미옥 전인숙 조상미 어동선 최윤미 조병준 어장선 조국제 조대준 문봉애 심혜란 이진라 백경출 이기호 김영빈 권순호 배 혁 장용철 송규오 변성환 김회식 정슬지 송해욱 김연희 신지연 천석봉 박영찬 김배윤 홍성종 이제홍 서희정 이수진 서준석 심청용 강인학 고선숙 김진옥 강희심 오시영 김재원 박종근 신미혜 류 석 이경현 박은영 이안옥 김지명 황현정 이명신 심효정 이향지 천지은 정선주 김수미 이해민 오해숙 박성은 이유미 차미나 이종원 박형식 홍종철 고기환 황현주 강수아 박주영 김진필 강화순 이기분 이수정 이정우 김민석 박은정 김은경 김지혜 이보미 박현민 김나현 최재민 홍표상 서의석 구자홍 이형복 이종숙 박문태 이성경 김선희 강준희 전윤선 김치수 장미현 전민지 김선주 김성훈 박소영 이위현 김문옥 박정숙 이석우 김운중 윤미현 남성우 김재선 최정남 이현아 강효은 박근구 조완규 오승훈 김경옥 박수인 조명숙 전 한 이봉순 조형순 서희숙 장유진 박성래 김기덕 김한기 명제성 이기수 박성은 이윤희 우아름 박은수 김영석 박민구 정성욱 김현아 윤소라 이양미 조윤경 박주형 이진아 이순남 김성기 고산규 류기광 박윤희 이진숙 최정은 이혜영 성은경 안하나 구본미 천선애 김강석 장남훈 전주희 유봉상 김중걸 김옥희 이광애 강정은 송혜란 박옥주 정윤경 이형현 백광선 조상진 이순원 이선영 최호식 제영인 이대민 박양일 이상범 홍광표 박정화 박미란 김대권 김미란 이요한 박정해 나민경 박태용 허지영 김영숙 김정민 정명채 문병대 최경해 성미아 이창용 이석민 김윤희 김양준 이선경 문태희 정미나 김통한 정성희 김용대 조윤숙 이호연 황정원 최주미 윤성민 최의선 김정미 김준희 소은심 김보민 신세철 하정희 선현희 유듀승 홍익화 심재용 김남우 장세훈 황인옥 김선옥 김태영 송기수 장영미 윤영만 유혜선 김태범 구성모 윤 미 이경민 김재형 손혜민 송제학 장기준 한응섭 김태휘 김용군 이승은 김태연 윤정웅 송지원 도미영 표수진 고주현 이진경 이성진 정혜영 김준철 김은주 강민영 김영희 이원규 이영호 장주현 전경숙 최용안 최송식

정연수 박한울 김현선 조재형 김태현 우지수 공해정 류창하 곽효열 이학성 구익본 배승호 윤경현 배재학 정현자 박지민 정미옥 김정근 최 훈 이영신 유진아 백선희 오명호 송유경 마혜응 정상지 류현준 이미선 전일승 문혜림 전찬호 이영철 남광원 한은주 신호재 신학건 김미란 강인옥 김미정 백주호 유종원 채상근 채연조 정영선 김동환 정민아 박상규 오경섭 이계익 홍기만 류문식 오미진 김선희 조문화 안지은 조경연 김진아 이현정 이상철 전용재 박난주 김층수 권명심 이인우 구재석 김종채 지정규 이수진 하성석 김수연 전영삼 유미랑 이연주 윤새롬 김수정 이현진 한성운 조한배 김순애 류권열 황석기 이전희 김영림 이무한 김미섭 이상호 박규희 김보민 위성숙 권선영 이은영 송재득 신준선 김덕수 장경환 김진선 김제훈 서선임 이희선 백진희 백쌍숙 성혜영 라소진 김가영 정정화

꽃잎 펼치며 내일도 피는 거라며 불꽃 심어 놓은 당신, 거친 바람에도 천 길 낭떠러지 움켜잡고 핀 난초에서 당신의 기억이 풍경으로 얼비칩니다. 아련히 사그라진 봄날 매발톱 꽃으로 필 당신 모습을 그려봅니다. 당신의 꽃에 목 메이고 눈시울이 뜨거워

지는 것은 그냥 꽃이 아닌 수많은 이야기를 담고 있기 때문입니다. 그저 산다는 것이 눈부신 줄 지금에서야 알았습니다. 사람과 사람이 모여서 꽃 숲이 된다는 사실도 이제야 알았습니다.

나는 그 풍경 속 멈추고 말았습니다. 순간 그 풍경은 내 가슴에 아름답게 새겨집니다. 그리고 당신의 꽃이, 아니 풍경이 내게 말합니다. 아름다운 삶은 아름다운 풍경을 그리는 것이라고. 당신의 모습은 그렇듯 아름다운 풍경으로 드러납니다. 지금 당신은 꽃입니다.

갈퀴나물

김윤희[°]

꽃을 피우고 있다
어떻게 그리 아름다운지
꽃샘추위가 오더라도
심술궂은 바람이 불더라도
당신 곁에
이름 모를 꽃이
누군가가
다가오는
3월이다

[°] 김윤희 중계 2,3동 근무

신진재°
-시국선언문

눈 떠 보아라
어둠을 찢고
그 모진 허물을 벗는
아픔 이겨내고
거친 바람에도
도도히 깃발을 들어라
지금도
네가 있음을
천명하라
지천에
자운영 꽃으로
핀다

° 신진재 행정지원과 근무

오승환°
-느티나무 경전

귀를 열고
소리를 들어라
침묵의 의도를
무심의 의도를
당신이
우러러 뵈는
그 이유
느티나무로 서서
하늘을 떠받든
경전하나

° 오승환 물안전관리과 근무

권희정°

-누리장나무

꽃인지 모르고
꽃이 꽃인 줄 모르고
하늘 한 모서리
누리장나무에서
꽃 봉우리
세상 밖으로 고개를 내민다
잎과 잎을 마주보고
점점 붉어지는 꽃술
언제쯤
연홍빛 말문 트일까

° 권희정 민원여권과 근무

김미정°

잘잘한 꽃들이
지천으로 피고 있습니다
모두들
아름답다고들 합니다
정겹게 감싸 안고 싶지만
발밑에서 끊임없이 사각이는
소리 들으면
머뭇거릴 수밖에 없습니다
꽃 피운다는 것이
쉼 없는 노력과 헌신
세상살이 또한 같아서
당신을
보고서야
이해 할 수 있었습니다

° 김미정 건축과 근무

쇠뜨기

서평

√ 봄, 하나로 통하는 길 _동화작가 최경숙

√ 이 세상 모든 것은 은유로 다가왔다 _ 시인 홍기현

√ 삶이 보여주는 것 _ 동봉 스님, 곤지암 우리절 주지

√ 다 꽃으로 보는 당신도 꽃이지요 _ 시인 이 옥

봄, 하나로 통하는 길

동화작가 최경숙

아! 숨이 멎어, 눈을 크게 뜹니다. 시 속에서 사람들이 걸어나와 내 앞으로 천천히 다가옵니다.

모르는 사람들인데, 한 번도 본적이 없는데, 오래전부터 알고 있던 사람들 같습니다.

시를 읽어가다 잠시 걸음을 멈추고, 시 앞에서, 한 편의 시가 된 사람들 앞에서 한참을 서성입니다.

시로 태어난 사람들을 보다가, 나도 그런 사람이고 싶어 부러워하다가 책장을 넘기면, 또 이런 사람이고도 싶고, 한 장, 한 장, 시를 보고 있으면, 시 속에서 사람들을 만나고 있으면, 어느 순간 시인은 내 옆으로 다가와 내가 나로 산다는 것은, 내 가지마다 꽃망울을 틔우며 나를 섬기는 일이라는 걸 일깨워줍니다.

시를 읽다가 나도 쉼 없이 꽃망울을 틔우며, 또 하나의 꽃으로 피어나고 있다는 걸 보고 말았습니다. 나도 꽤나 나를 섬기며 살아왔다는 걸 이제야 알았습니다.

보이지 않는, 쉽게 볼 수 없어 놓치고 말 그 순간, 순간을, 말 한

마디, 움직임 하나에서도 사람의 깊이를 보고야 마는 시인의 눈은 어느새 내 삶터에서 만난 사람들을 다시 보게 합니다. 이 세상을 새롭게 보게 합니다.

세상이 둥글다는 걸 알기에 한 사람의 모습이, 그 사람의 마음이 둥글다는 걸 알았을까요?

사람의 마음이 둥글다는 걸 알고 나서야 세상이 둥글다는 걸 알았을까요?

홍만희 시인은 삶속에서 만난 사람들에게 때로는 시를 써서 바치고, 때로는 우주 만물이 깃든 자연 속에서 그 사람을 발견하고, 때로는 그 사람 속에서 우주를 발견합니다.

오래된 나무 한 그루도 시인의 눈으로 바라보면 그 어떤 사람으로 몸을 바꾸고, 그 안에서 시 한 편이 걸어 나오고, 거기에 또 하나의 우주가 나타납니다. 분명 그러하다는 걸 책 한 권속에서 보여주고 또 보여줍니다.

책 한 권 안에서는, 시와, 꽃과, 바람과, 그리고 사람이 혼연 일체가 되어 또 하나의 세계를 만들어 내고 있습니다.

책 한 권의 시를 읽으며 다시 시인의 시선으로 세상을 바라봅니다.

그 봄의 순간, 순간, 내 옆에 있던 사람들도 꽃으로 활짝 피어나고, 책 한권의 시를 읽으며 다시 시인의 시선으로 세상을 바라봅니다.

저마다의 화사한 색으로, 색으로 물들어갑니다. 책 한 권을 보았을 뿐인데 내 옆에도 꽃이 만발합니다. 따로 따로 제멋대로 보이던 세상이 비로소 하나의 세상이 되어 있음을 느낍니다.

시가 그렇습니다.

술채꽃

이 세상 모든 것은 은유로 다가왔다

시인 홍기현

최근 강릉에 시집 '책 한 권'을 들고 갔습니다. 향기가 나는 인물시집. 각 페이지에서는 여러 각도에서 찍힌 꽃들이 피었고 향기로 다가왔습니다. 모든 시가 '꽃'을 소재로 다루었기에 구성 자체가 특이했습니다.

시인의 느낌이 시로 변주되어 다가옵니다.

변주가 가능했던 건 단순한 시각이 아닌 새로운 모습을 끌어내는 마음으로부터의 관찰력 덕이 아닐까 싶습니다.

인물시를 쓴다는 것이 낯설기도 하지만 '꽃'이라는 소재 덕분에 쉽게 다가가 느낄 수 있었습니다. 책 한쪽의 작은 글씨에서는 꽃을 유심히 관찰하는 작가의 세심함이 보이는 듯합니다.

"사람을 표현하다는 것은 쉬운 일이 아니다. 하지만 시로 대상과 이야기를 나누거나 유심히 바라보게 되면 이때 '은유'로 찾아온다." 라고 말했었던 것이 떠올랐습니다.

보통 시에서는 시인이 느끼고 보고 들은 것 이상의 것이 표현될 수 있습니다. 하지만 표현되는 대상은 시인의 이러한 표현이 부담

스러울지도 모르겠습니다.

시인과 대상 사이에 있는 이런 고민과 긴장. 그러한 것들을 통해 '인물'을 제3의 객체로 표현할 수 있는 색다른 장르로 만드는 것이 아닌가 싶습니다.

시인과 만나 이야기를 할 기회가 생겼습니다.

"인물시를 쓴다는 것은 조심스럽지만 상대는 자기자신의 의미를 새롭게 다가올 것이다."

나는 '당신을 짧은 시로써 써야 한다.'라고 생각했습니다. 모든 것으로 느끼는 것을 시로 쓰는 것이 시인의 역할이라고 생각하기 때문입니다. 어쩌면 세상의 모든 일이 단 한 번의 시작과 생각에서 출발하는 것이 아닐까 싶습니다.

당신의 향기를 이 책에 담아 보십시오. '무엇'을 위해 '어떠한 생각'을 마음에 품고 있는가를 말입니다.

이 '책 한 권'이 '사람들의 향기'를 멀리 퍼뜨릴 것을 의심하지 않습니다.

깽깽이풀

삶은 보여주는 것

-동봉 스님, 곤지암 우리절 주지

시詩는 언어言의 숲寺입니다. 십년 이십년 삼십년 캐고 캐고 또 캐던 화두가 단박에 툭 터진 듯 쏟아내는 강목체의 언어입니다. 아닙니다.

시는 시時며 세월日의 숲寺입니다. 그때그때 역사로 재어두었다가 알아주는 사람을 만나 주저리주저리 드러내는 편년체의 언어입니다.

홍만희 시인의 시를 읽노라면 그 숱한 말들을 그동안 어디에 지니고 살았을까. 아무리 곱씹어 보지만 한 마디로 신기하기만 합니다

나는 시인이 아닙니다. 아예 시인이 못 됩니다.

이런 내게 시평詩評을 부탁하는 시인 또한 시의 세계를 훌쩍 벗어난 자임에 틀림없습니다.

어느 시인은 일년에 한두 편의 시를 쓰며 시인 사회를 향해 시를 그렇게 흔하게 써도 되느냐며 질책을 하고 있지만 나는 그리 생각치 않습니다.

시는 눈에 보이지 않습니다. 모양이 없고 소리가 없고 냄새가 없고 맛이 없고 와 닿는 게 없습니다.
생각으로 시가 뭘까 하지만 이거야 라며 떠오르지도 않습니다
그럼 시는 정말 없는 걸까요.
공기중 21%가 산소이듯 시는 언제나 우리 곁에 있습니다. 그 시가 꽃으로 피고 길로 이어져 있고 산으로 솟아 있고 섬이 되어 바다를 굽어봅니다.
오동나무가 되고, 느티나무가 되고, 속이 텅 빈 목어가 되고, 움직이지 않는 부동이 되고, 한 줄의 글이 되고 오월의 국화가 되었다가, 때로는 10월의 산국山菊이 됩니다
어느 때는 바울이 되고, 십자가가 되고, 석탑이 되고 소신공양 중인 상수리가 되고…….
세상이 된 시를 볼까요.

세상은 둥글다
당신의 얼굴 모습
이와 같다
긴 세월 살아온 만큼
마음 또한 둥글다
둥근 것이 사라진다 해도

둥근 슬픔조차
둥글게 머금은
그런 꽃을
혹시
들여다 본 적이 있으신가

–「이광애」 전문

세상은 둥글다고 생각합니다. 세상이 각설탕처럼 생겼을 거라고 생각하는 사람은 없을 것입니다. 세상이 빨간 고추처럼 그렇게 생긴 게 아닐까 하고 생각하는 사람도 없을 것입니다.

세상이 둥글거라는 생각은 눈에 보이는 것들이 죄다 둥근 까닭일까요. 둥글다면 안이 비어 있겠지요. 세상 뿐만이 아니라 세상을 이루고 있는 물질은 다들 둥글다고 생각합니다. 분자가 그렇지요.

이를테면 물분자를 그릴 때 수소분자 2개에 산소분자 1개를 동글동글하게 그리더라고요.

분자보다 더 작은 원자原子Atom가 그렇고 원자 속의 핵도 둥글지 않나요. 원자핵을 중심으로 돌고 도는 전자도 동그랗게 표현하고 원자핵을 이루는 양성자 중성자도 동그랗게 그립니다.

그러면서 정작 시인은 둥근 게 뭔지 관심조차 없습니다.

그는 노래합니다

꽃인지 모르고
꽃이 꽃인 줄 모르고
하늘 한 모서리
누리장나무에서
꽃 봉우리
세상 밖으로 고개를 내민다
잎과 잎을 마주보고
점점 붉어지는 꽃술
언제쯤
연홍빛 말문 트일까

-「권희정 -누리장나무」 전문

다홍빛으로 꽃 피고 있다
세상에 "하늘 모서리" 라니 그러면 하늘을 각설탕 모양으로 볼 수도 있다? 만약 세상이, 하늘이 둥글다면 모서리가 없을 텐데 시인은 세상을 큐브로 보나 봅니다. 그러나 마음과 달리 그의 시어에는 역逆이란 게 없습니다.
꽃이 피고 지고는 있을지언정 꽃이 지고 피고는 없습니다. 피고 지고와 지고 피는 것이 시간의 길고 짧음일 뿐인데 어째서 시인은 끝내 지고 피고를 노래하지 않았을까요.

꽃은 케미스트Chemist의 상징입니다.
화학이라는 게 무엇입니까.
광원인 태양으로부터 빛을 받아 초록의 이파리를 피워내고 광합성작용이라는 화학기술을 통해 포도당을 만들어내고 산소를 만들어내고 비타민을 만들어내곤 합니다.
따라서 화학의 꽃은 그야말로 꽃, 꽃이 맞습니다.
꽃花이란 자연++이 빚는 化 최고 최상 최대 화학의 산물입니다.
연금술같은 인위적 변화보다 꽃이 만들어내는 자연적 변화가 훨씬 스케일이 큰 화학입니다.
똑같은 에너지를 받아들여 사랑보다 더 빨간 장미를 피우고 풀솜보다 더 보드라운 연꽃을 피워 내고 진주보다 더 뽀얀 백합을 선보이고 참나리꽃으로 나타내고 꽃다지로 모습을 드러냅니다.
튤립으로, 남개연꽃으로, 갈퀴나물로, 미지꽃으로, 눈꽃으로, 부처꽃으로, 괭이눈으로, 부용꽃으로, 시루나물풀로, 아으, 큰꽃으아리로 피워냅니다.
시인은 노래합니다. 꽃은 보여주는 것이라고요.
보여주는 게 꽃이라면서도 정작 시인 자신은 꽃이 된 자신을 숨어서 바라봅니다.
보는 남움직씨와 보여주는 제움직씨가 시인에게서는 조화를 이룹니다.

내가 네가 되고 네가 내가 되는 사람으로서의 아상 인상 만이 아니라 스스로 꽃이 되고 그 꽃이 다시 타자화되어 자신을 바라보는 자화상을 통해 시인은 철저한 객관화의 세계로 자신을 밀어올리고 있습니다.

아!

시인의 아바타Avatar여!

문득
내 눈높이에서 나를 늘 보다가
그대
눈높이에서 나를 보게 되었습니다
바람에 온몸을 내던진 꽃을 봅니다
알 수 없는 어둠 속을 허우적거리며
흔들리고 있습니다
날이 갈수록
진달래 철쭉 개나리
뒤로 한 채
점점 작아지는 꽃을
전탑 뒤 몰래
숨어
나를 보고야 말았습니다

－「자화상」 전문

봄春은 곧 봄View입니다.

겨우내 땅 속에서 잠자던 생명을 시나브로 흔들어 깨워 지표 위로 튕겨 올리기에 스프링Spring이라고도 하지만 시인은 꽃을 통해 튀어 오르는 역동성보다는 우리 눈에 보여지는 존재의 실상에 봄의 촛점을 맞추고 있습니다.

> 봄을 불러들여
> 꽃들을
> 본 것뿐인데
> 못 본 척 지나쳤는데
> 나도 그렇게 될 줄 몰랐다
> 붉은 마음이야 어쩔 수 없다지만
> 내 모습조차
> 붉어졌습니다
>
> —「봄꽃」 전문

시인이 된다는 것은 쉬운 게 아닙니다.

다른 말로 꽃 한 송이 피우는 게 어디 그리 쉬운 일인가요.

> 아프다는 느낌
> 힘들다는 생각

그 자리가
당신의 꽃이
피는 자리입니다

–「문은지」 전문

바람을 이겨낸
숭고함
비가 만들어 낸
맑음
태양의 눈부심까지
이러한 모습을
모두 하나로 엮어 놓으면
튤립이라는 꽃이 탄생한다
튤립, 즉 당신의 명작

–「이지선」 전문

나는 홍시인으로부터 시집 『한국대표서정시선5』를 받고 난 뒤 그를 아예 서정시인으로 못을 박았습니다. 그런데 웬걸요, 시국선언문이 있었습니다.

눈 떠 보아라
어둠을 찢고
그 모진 허물을 벗는

아픔 이겨내고
거친 바람에도
도도히 깃발을 들어라
지금도
네가 있음을
천명하라
지천에
자운영 꽃으로
핀다

–「신진재 –시국선언문」 전문

시인은 꽃을 통해 눈을 뜨라고 부르짖습니다.
어리석음은 어떤 것일까요?
바로 자신에 대해서 눈을 뜨지 못함입니다.
어리석지 않으려면 그냥 눈 뜨면 됩니다. 그것이 곧 지혜의 시작입니다.
어둠을 찢으라 하는 것도 불교의 설을 빌리면 무명無明이니 밝음 없음이지요. 시인은 어둠을 찢으라 합니다.
밝음은 찢어지지 않지만 어둠은 찢어지게 되어 있습니다.
허물이 뭐가 있겠습니까? 다만 눈 뜨지 않음이 허물입니다.
허물은 찢는 게 아니라 그냥 벗어던짐입니다.

시인은 용어 하나하나에도 독자들을 배려하고 있습니다. 자유란 살아있음이고 살아있음은 곧 자유입니다. 이 두 가지는 오른 발이 앞으로 나아갈 때 왼 발이 지나온 자국을 확인하고 왼 팔이 앞으로 나아갈 때 오른 팔은 몸이 앞으로만 쏠림을 균형있게 잡아주는 것처럼 어느 하나도 없어서는 안됩니다.

그러면서 시인은 이 모든 꽃 중에서도 가장 소중한 꽃을 빠트리지 않습니다. 이른바 인연꽃입니다. 인因이란 알갱이고 존재입니다.

이 알갱이와 알갱이 존재와 존재를 이어주는 끈이 다름 아닌 연緣입니다. 시인은 인연꽃으로 부족한 부분을 메꾸고 있습니다.

불전에 사시공양을 올리면서 마지막으로 저쑤는 진언이 곧 보궐진언補闕眞言이듯이 시인은 타인에 대한 은혜를 이렇게 갚으려 합니다. 그러나 자신에 대해서는 혹독하리만치 여유를 주지 않지요. 채무이행입니다.

나는 시평을 할 수 없었습니다. 평評이라는 것이 언어言의 균형平인데 이미 균형잡힌 언어를 다시 잡으려면 잔잔한 호수에 돌을 던짐이라 그리 생각이 들었기 때문입니다.

나는 빈센트 반고흐라든가 폴 고갱과 같은 후기 인상파 화가를 좋아합니다. 그들은 존재나 사물을 있는 그대로 그리기 보다 그들 존재나 사물에게서 풍기는 인상印象Impression을 드러내려 애썼던 작가들입니다. 나는 그런 면에서 홍시인의 고충을 이해합니다. 고은 시인의 『만인보』처럼 리얼리즘에 충실한 것도 좋지만 인상주의에 입각하여 인물시를 쓰는 홍시인에 대해 솔직히 높은 점수를 주고 싶습니다. 그리고 나는 시인의 기도가 꼭 이루어지길 빕니다.

아무 생각 없이
본 것인데
벌린 두 팔 사이로
저 안의 넓은 가슴이
당신의 세상이라니

–「이대선」 전문

팔을 벌리면 우주 절반을 끌어안습니다.

팔을 오므리면 펼쳐진 우주 절반이 가슴 안으로 통째 들어옵니다. 두 팔은 벌렸다 오므렸다를 끊임없이 반복할 것이고 가슴에 안긴 세상을 시인은 함께 나누고 싶어합니다. 왜냐하면 인연꽃이기 때문입니다.

인이 입자물리학에서 얘기하는 낱낱 존재 낱낱 원자의 세계라면

연은 끈이론에서 얘기하는 파동의 세계며 고리의 세계입니다.

화엄경 법계연기에서 얘기합니다. 내 속에 우주가 있고 우주 속에 내가 들어있다고요.

그래서일까? 시인은 무심으로 살고싶어 합니다.

무심이 되었을 때 인연꽃과의 인연관계가 제대로 인연꽃을 피울 테니까요.

꽃이 피고 집니다
그 세월에
주어진 내 삶의 몫이라면
무심으로 살고 싶다
－「삶」 전문

그리고 그의 길은 언제나 시인의 길로 이어질 것입니다.

길 끝에서
결연한 붓 끝
허공을 가른다
일필로 일어선다
또 다시
자신의 길을 내는
먼 길

한사코 가야할 길도
묵향으로 가득하겠다
–「권순호」 전문

나팔꽃

다 꽃으로 보는 당신도 꽃이지요

-시인 이 옥

홍만희 시인께서 첫 시집을 발표했다. 시집의 뚜렷한 특성은 인물 시로 구성되었고, 공직생활을 통해 맺어진 소중한 인연들을 나열하고 있다. 개개인의 특성을 꽃에 비유해 명명했다. 많은 사람들을 시로 표현한다는 것은 만만치 않다. 시인은 대상의 내면까지 보고 있다. 바쁜 일상에서 건져 올린 섬세한 감각이다. 사람들을 바라보는 시인의 시선이 맑다. 경계의 대상도 없다. 바쁜 일상에서 놓쳐버린 사람의 향기를 목말라하고 그 향기를 시인은 꽃에서 유추한다. 단순히 바라만 보는 꽃이 아니라 사계四季에 순종하는 꽃이다. 꽃은 금방 시들지만 시인께서 명명했던 꽃은 그의 가슴에 지지 않는 꽃으로 승화됨을 반영한다.

시집을 읽으면서 '관심' 이란 단어가 제일 먼저 떠올랐다. '관심' 이란 과過하면 부담이 될 수 있지만, 삶에서 멀어지면 사회의 악惡을 배양하는 악순환의 연결고리 같은 것이다. 하지만 시집에서 느낀 '관심' 을 좋은 방향으로 해석했다. '관심' 은 '시작' 이란 단

어와 출발하고 지향하는 목적은 지속적인 유대관계를 형성하는 데 있다. 인간에게 단절과 고립은 정신을 파괴한다. 서로에게 관심을 가져줄 때 가정이 변화고 사회가 변화된다. 詩속에서 만난 시인은 유난히 사람을 좋아한다. 대상으로부터 거리를 두지 않은 감각적인 소통이 아름답다. 각자의 개성과 고유성을 꽃으로 부여했다.

「서은주」 '고사리 같은 꽃' 은 시인에게 신선한 꽃으로 다가왔다. "지금까지 보지 못한/ 그런 꽃/ 예전부터/ 그곳에 있었던 것처럼" 보고 있는 시인은 인간의 내면에 내포된 여러 개의 빛들 중에 유사성을 지닌 빛의 발견이다. 처음 본 것 같지만 어디에서 본 듯한 그 꽃은 태고의 시간 속으로 상상의 공간을 열어준다. 또한 세상의 편견과 선입견에 눈먼 사람들이 그 꽃을 있는 그대로 보지 못하는 세상을 시사하고 있다. 세상의 잣대는 논리적일 순 있지만 그 사람의 전부는 될 수 없음을 경고한다.

「김태희」-패랭이꽃, 홍만희 시인은 「김태희」란 인물을 통해 겸손을 말하고 있다. 패랭이꽃을 자세히 보려면 고개를 숙일 수밖에 없다. 키가 작고 꽃잎도 작은 패랭이꽃은 세상과 소통하는 몸

짓을 시사한다. 경제가 어려울수록 배려와 양보, 선의적인 마음을 놓칠 때가 종종 있다. 하지만 패랭이꽃은 변함없이 낮은 자의 모습이다.

무심코 지나칠 수 있는 사람들과의 관계를 소중히 다루고 간직하고픈 시인의 심성이 한 권의 시집에 녹아있다. 한 사람, 한 사람을 바라보는 시인을 따라가다가 시인의 꽃밭을 만났다. 그 꽃밭에는 형형색색 다양한 꽃들이 피었다. 개성이 다른 꽃들이 모여 하나의 꽃밭이 되었다. 자기만의 색채와 몸짓과 향기를 발산하는 시인의 꽃밭은 나 스스로에게 물음을 던진다. 난 어떤 꽃이지…….

세상의 편견과 선입견은 삶의 소통을 단절케 한다. 하지만 내 마음이 어느 곳을 지향하느냐에 따라 단절의 벽은 영원하지 않다. 설령 편견과 선입견을 가지고 경계하는 대상이 있을지언정 크게 걱정할 일은 아니라고 생각한다. 인생의 여정은 단순하지가 않기에 많은 사람들은 시련을 통해 자신을 되돌아보고, 자신을 내려놓는 변화를 겪게 된다. 하지만 시인은 사람들을 경계의 대상으로 보지 않았다. 사람들의 단점을 탓하기보다는 그 단점을 특징으로 간주했다.

시인은 각기 다른 사람들의 성향을 꽃을 통해 유추했다. 꽃을 싫어가는 사람들이 없듯이 사람을 멀리하는 삶을 살지 말자는 메시지이다. 시인은 사람을 차별하지 않았다. '누가 되든, 옆에 있어주는 것만으로도 행복하다' 시인은 외치고 있다. 예전에 비해 물질은 풍요롭지만, 삶의 질에 있어서는 각자 다른 반응을 한다. 급속히 변화되는 현재 속에 외로운 사람들이 늘어간다. 소통은 있는 그대로를 인정할 때 성립한다. 각기 다름을 배척하지 않고 고유한 인격체로 바라보는 시인의 시선은 서로를 존중하는 사랑이었다.

채무이행

'글 빚' 이라는 게 있다.
언젠가부터 '쓰지 않은 글' 이 마음속에 채무로 자리 잡았다.
이는 당신에게 받은 만큼 고마움을 표현하지 못한 성격 탓이다.
시를 써서 부채를 청산하기로 목표를 잡았다.
호기롭게 시작했지만 처음에는 몇 편의 시로 그쳤다.
당신을 주어로 시를 쓴다는 일이 어렵다고 변명을 늘어놓았다.
이런 저런 핑계로 손을 놓을 즈음 부채가 점점 불어났다.
이러던 차에 가슴 한 곁 여백으로 남겨 둔 당신의 자리에서 가는 잎 돋아나고 고운 꽃으로 피어나고 있었다. 이를 바탕으로 시작詩作 하였다.
그렇게 쓴 시를 문예지에 발표하였다.
당신과 전화통화 중 말씀해 주셨다.
"시 잘 읽었습니다. 고맙습니다."
나의 글 빚은 점점 줄어가고 있는 중이다.